# Ein Leben lang

## Karikaturen vom Leben gezeichnet

mit Texten von
Pitt von Bebenburg

Nest Verlag

Große Eschenheimer Straße 16–18
60313 Frankfurt am Main
Layout:
Betkin Goethals
Satz und Reproduktion:
Laura Klein
Simone Klopfleisch
Saskia Buchen
Druck:
Konkordia, Bühl
ISBN 3-925850-26-0

# Die Welt der Klotzkes

Sie sieht unserer Welt so verteufelt ähnlich, die Welt der Klotzkes, Kleinschmidts und Plaumanns. Woran das liegt? An Thomas Plaßmann.
Seine Feder kratzt geräuschvoll über das feste Zeichenpapier, und mit schwarzer Tusche entwirft er im Nu eine Menschenmenge aus lauter alltäglichen Individualisten: Frauen mit widerspenstigen Frisuren, biedere Familienväter, halbwüchsige Frechdachse mit spitzbübischem Grinsen.
Einige schauen die Betrachter an, mit großen runden Augen, verwundert. Binnen zehn Minuten ist in Thomas Plaßmanns Werkstatt eine witzige Zeichnung entstanden, und die politische Pointe wird morgen viele Zeitungsleser erheitern. Doch das Blatt enthält mehr als einen Witz; es zeigt eine Momentaufnahme des Lebens: Gesichter, die von Freude, Frust und Sorgen sprechen; kleine alltägliche Gesten des Jubelns oder Lachens, des Erstaunens oder Erschreckens. Das ist die kleine Welt der Klotzkes, der Frau Plaumann und des Herrn Dr. Kleinschmidt.
„Ich habe mich so ein bißchen in diese drei Namen verguckt." Der Zeichner auf seinem blauen Drehstuhl zuckt mit den Schultern. „Ich habe an denen Spaß." Mehr sagt er dazu nicht.
Typisch Thomas Plaßmann. Es geht ihm nicht um ein Vexierspiel mit den Namen, der Mann ergötzt sich nicht an intellektuellen Anspielungen. Er folgt schlicht und einfach seiner Intuition.
„Es sind irgendwie Figuren, die in einem drinstecken", tastet er sich vor: „Das fließt einfach so aus der Feder." Das hört sich nach Leichtigkeit an – und in der Tat fliegt die Feder behende übers Papier, daß die Tusche manchmal spritzt. Die anstrengendste Arbeit liegt dann schon hinter dem Karikaturisten Plaßmann: das Entwickeln einer Idee, die das Thema aus der Abgehobenheit der Politik befreit und mit dem Blick von unten entfaltet.
Der Essener Künstler ist ein disziplinierter Mensch. Seitdem er ein gefragter Karikaturist ist, pflegt er den Acht-Stunden-Tag – wie Klotzkes, Kleinschmidts und Plaumanns. So steigt er morgens hoch, vom Erd-

geschoß des blaß rosa getünchten Vier-Familien-Hauses, wo er mit seiner Frau, den drei Kindern und deren beiden Wellensittichen wohnt, ins Atelier im zweiten Geschoß. In der ehemaligen Studentenbude hat er sich vor kurzem erst sein Büro geschaffen, bis dahin mußte er in einem düsteren Kellerkabuff bissige Bilder ersinnen. Jetzt hat Plaßmann Platz für einen gewaltigen Schreibtisch, mit einem Sortiment Stahlfedern darauf, mit Bleistiften, Filzschreibern, Notizzetteln. Mit den Zeitungen, die seine Zeichnungen drucken: obenauf die „Frankfurter Rundschau", darunter das Bistumsblatt, die winzige Lokalzeitung und das Fachmagazin „Gefährliche Ladung". Plaßmann, im grünen Hemd und hellen Jeans gekleidet, zieht einen Mundwinkel zum Lächeln hoch: „Ich habe nicht aufgeräumt – nicht, daß hier ein falscher Eindruck entsteht." Da sitzt er, den Blick kurz aus der Fensterfront gerichtet auf das Vorstadt-Idyll des Stadtteils Bredeney. Unter den neuerdings kurzgeschnittenen Haaren gewinnen die grauen langsam die Oberhand, die Bartstoppeln sprießen in der gleichen Farbe („Rasieren mag ich nicht!"). Die kräftigen Arme zeugen von der früheren Arbeit als Schreiner und vom Rudern, dem er auf dem nahegelegenen Baldeney-Stausee frönt. In dem ovalen Gesicht mit den auffällig breiten Backenknochen, die ihm etwas Dickschädeliges verleihen, leuchten wasserblaue Augen; allerdings nicht so groß, nicht so rund, nicht so verdattert, wie er sie seinen gezeichneten Zeitgenossen gerne mit auf den Weg gibt. Draußen hört man Kinder spielen. Plaßmann überfliegt die Zeitungen, hört ins Radioprogramm hinein. Die Arbeit beginnt im Kopf: „Ich überlege, was könnte so ein bißchen das Thema des Tages sein?" Mag sein, daß Schröder oder Schäuble die Schlagzeilen bestimmen. Doch das ist eigentlich nicht Plaßmanns Welt. Sollen andere die zum Überdruß bekannten Politikerköpfe karikieren und die abgegriffenen Bilder verwenden, vom Lotsen, der von Bord geht, vom deutschen Michel und von jenen Helden auf der politischen Bühne, die den Karren aus dem Dreck ziehen. „Ich möchte das vermeiden", sagt Thomas Plaßmann: „Es ist einfach abgenudelt."

Die politischen Entscheidungen „in die persönliche Realität ziehen", in die Welt der Klotzkes, Kleinschmidts und Plaumanns – das ist, worauf es ihm ankommt. Zu zeigen, daß sich die politischen Entscheidungen auf

die Menschen auswirken, die in ihrem Büro sitzen oder zuhause am Kaffeetisch, die unter der Brücke liegen oder im Arbeitsamt anstehen. Auf dem Anrufbeantworter hat ein Redakteur eine Nachricht hinterlassen. Er schildert das Thema, für das er sich eine Illustration wünscht. „Für die visuelle Umsetzung habe ich noch keine Idee“, fügt er hinzu: „Ich vertraue auf Sie!“ Thomas Plaßmann, übernehmen Sie!
Die Hauptarbeit, das heißt: „Überlegen, wo der Hase hinlaufen soll.“ Es gibt Glücksfälle, „da ist die Idee eine Sache von wenigen Augenblicken“. Manchmal aber braucht es Stunden. Stunden des Nachdenkens für eine kleine Pointe, die den Zeitungsleser einen Moment lang erheitert. Bald spiegeln sich die Gedankengänge auf dem Schmierpapier wieder: „Kombilohn“, hat der Karikaturist heute in winziger Schrift als Stichwort notiert, „Schwarzarbeit“ und „Wasserverschmutzung“. Darunter krickelt er eine kleine Bleistiftskizze, ein paar Dialogideen. Kaum zu entziffern, aber, wie sich herausstellt, die Lösung des Problems. Plaßmann hält einen Moment lang inne. Dann geht es ganz fix: Mit Feder und schwarzer Tusche aus dem kleinen Fäßchen – „nach alter Väter Sitte“, sagt Plaßmann stolz – wirft er eine neue Szene aus der Welt von Klotzkes, Kleinschmidts und Plaumanns aufs Papier. Zehn Minuten später ist ein Stück Tagwerk erledigt, das Plaßmann ganz uneitel kommentiert: „Wenn ich politische Karikaturen zeichne, dann ist das nichts, was für die Ewigkeit gemacht ist.“ Jedenfalls ist das nicht seine Absicht. Und trotzdem entstehen zuweilen Zeichnungen, die überdauern werden. Das Werk ist weggefaxt, es liegt nun auf dem Schreibtisch des Redakteurs. In Plaßmanns Atelier ist Zeit für eine Tasse Tee, Zeit für ein Stück Kirschkuchen. Zeit, um ein paar grundsätzliche Worte zu wechseln über Plaßmanns Arbeit. Er steht auf, holt einige Bücher aus dem einzigen Regal, das im Arbeitszimmer steht; darunter das erste von einem größeren Verlag, das er allein gestaltet hat. Es heißt: „Günter. Abstand halten.“ Die Cartoons handeln von einem unsympathischen Zeitgenossen, der einem trotzdem ans Herz wachsen kann: Günter legt so viel Wert aufs Alleinesein, daß er alle anderen wegekelt. So ein „sonderlicher Einzelgänger“ sei er selbst bestimmt nicht, meint Plaßmann, und ihm, dem Höflichen, Bescheidenen, nimmt man es sofort ab. Und doch: Ein bißchen Günter steckt auch in Thomas Plaßmann, der Wunsch, „auch

Theo Waigel
erlichen Milliardenlochs
halt zu seiner
tens,
le Finan-
nter" mit
nem Etat
zweite Mil-
igen. Dazu
Waigel sei-

doch so lange zurück, wie in
stigen Finanzplanung bis zum Jahr
noch zwei Milliarden Mark fehlen. Erst
bei einer verbindlichen Zusage Waigels,
eine Milliarde bereitzustellen, will Rühe
die erforderliche zweite Milliarde erwirt-

ungsphase bereits abge
sind. Verloren wären allerdings die üb
sieben Milliarden Mark, mit denen sich
die Bundesrepublik an den Kosten für die
Entwicklung des Flugzeuges beteiligt hat.

cherne.
er im ve
abteilung
US-Regier
Kornblums
woch den
Türkei, Ma.
Absolvent d.
mics, war unt
quartier in B
müssen durc
den.

**Theo Waig**

Nach Ansi
sters bedroht
te Verbreche
banden und D
skrupellos all
verkehr rund
te Waigel, der
am Donnersta
CSU-nahen
München. Waig
rungen seiner P
tig Funktelefone
banden per Vide
dem forderte W
mit Personen u
wegen Korrupti

**Verfassun**

**Bürger**
**Grundr**

BONN,
rechtsorga
tag in Bon
Verfassung
Grundrech
stöße geger
anprangern
zende der
Geißler, k
nannte den
Vorstellung
Die Hum
für Gru
stav

**n über**
**ertagt**

Mai (ap). Die Tarif-
etallindustrie über
esten sind am Don-
auf den 17. und 25.

Katholische Kirche

## Papst spricht NS-Opfer Edith Stein heilig

ROM, 22. Mai (dpa). Die im Konzentrationslager Auschwitz ermordete deutsche Ordensfrau und Philosophin Edith Stein (1891—1942) wird heiliggesprochen. Das gab Papst Johannes Paul II. am Donners-

Berlin

## Atomkraftgegner kippen Senator Obst vor die Tür

BERLIN, 22. Mai (rtr). Aus Protest gegen den Forschungsreaktor des Berliner Hahn-Meitner Instituts haben Atomkraftgegner am Donnerstag eine Wagenladung Obst und Gemüse vor den Amtssitz von Umweltsenator Peter Strieder wirklich mal alleine zu sein". Man ahnt das kleine Glück der Unabhängigkeit, das sich der freischaffende Künstler in den vergangenen Jahren erarbeitet hat, die Befriedigung über sein eigenes Atelier: „Jeder hat so ein bißchen Einzelgänger in sich."

Womit wir wieder in der Welt der Klotzkes und Kleinschmidts wären. Denn in jedem dieser mit wenigen Strichen hingeworfenen Männchen steckt die Ahnung einer eigenen Lebensgeschichte, eines eigenen Schicksals. Aber die Figuren sind keine Sonderlinge, im Gegenteil: Es sind Normalos, mitgenommen von den Wendungen der Politik oder ihnen eigensinnig trotzend. Wie ihr Erfinder Thomas Plaßmann: ein politisch interessierter Zeitgenosse, der gleichwohl Abstand hält zu Parteien und Organisationen, ja selbst zu politischen „Szenen". Der – bei allem Engagement für diejenigen, denen es nicht gut geht – betont: „Wichtig ist, daß man nach allen Seiten offenbleibt." Der nach eigenem Bekunden „größte Schwierigkeiten" hätte, „der Zeichner der SPD zu sein oder der Grünen", obwohl er den anderen Parteien auch nicht nähersteht. Willkür ist damit freilich nicht gemeint – und seine regelmäßige Arbeit für die sozial engagierte FR kein Zufall. „Ein paar feste Steine, auf denen man steht", hat Thomas Plaßmann eingelassen: ein „Menschenbild von Würde, Gleichberechtigung und Gerechtigkeit". Ein „christlich-humanistisches Weltbild", in dem es wirklich ankommt auf Klotzkes, Kleinschmidts und Plaumanns, auf Menschen wie du und ich. Man könne das ruhig bodenständig nennen, meint der Zeichner, „wenn man den Behäbigkeits- und Dumpfheitsaspekt wegnimmt". Ein verwurzelter Mann, der den Alltag der Menschen genau kennt: Plaßmann hat in seinem Leben Bierkästen ausgefahren, im Altenheim gearbeitet, in einem metallverarbeitenden Betrieb nervtötend eintönige Handgriffe erledigt. Er kennt die Uni von innen ebenso wie das Arbeitsamt, wo er sich auch schon anstellen mußte. „Ich weiß, wie die Leute da stehen." Und es ärgert ihn, daß manche Politiker offensichtlich nicht einmal wüßten, „wie ein Industriebetrieb von innen aussieht". Für einen Augenblick blitzt bei dem zurückhaltenden Zeichner ungewohnter Zorn auf. Kein Wunder, wenn es darum geht, daß entscheidende Leute keine Ahnung haben vom Leben der Plaumanns, Kleinschmidts und Klotzkes.

Aus dem Leben in die Zeitung: Plaßmann-Karikatur in der „Frankfurter Rundschau"

Bodenständigkeit: Es paßt dazu, daß Plaßmann als „Kind des Ruhrgebiets“ nie weiter als bis Bochum weggezogen ist – und nach dem Abbruch des Studiums dort in die Heimatstadt Essen zurückkehrte. Die Kunstakademie Düsseldorf wollte ihn nicht haben, weil Karikaturen nun mal keine Kunst seien. So blieb Plaßmann Autodidakt, der sich bestenfalls an eine einfühlsame Kunstlehrerin in seiner Schule erinnern kann, wenn er nach Unterstützern gefragt wird. Er lernte, statt zur Akademie zu gehen, Schreiner; unter dem Motto: „Schaff Dir ein berufliches Fundament!“ Klotzke hätte es nicht anders gemacht. Aber mit Sturheit und der Unterstützung seiner Frau erfüllte sich Plaßmann trotzdem den Weg zum Leben als Karikaturist. Die Rolle war zunächst etwas ungewohnt für den bescheidenen Mann. „Ein bißchen verloren“ fühlte sich der junge Mann, als der damalige Bundespräsident Richard von Weizsäcker ihn und 40 andere Karikaturisten aus Ost und West kurz nach der Wende zusammenbrachte. Da stand der wenig bekannte Plaßmann neben den Größen der Zunft.

Von den Kollegen schätzt er am meisten Paul Flora – „eines der ganz großen Vorbilder“. An dessen zeichnerischem Werk beeindrucken Plaßmann drei Dinge besonders: die „Leichtigkeit“, die „Melancholie und Düsternis“ und der besondere „Strich“ des Zeichners.

Die gewisse Leichtigkeit und ein eigenwilliger „Strich“ fallen auch in seinen eigenen Werken auf. Doch düster wie Floras Welt ist die von Plaßmann geschaffene nicht. Seine Szenerie lebt eher vom Witz – oft ist es ein erfrischender, noch öfter ein bitterer. Schön, wenn er gelingt. Bei einigen Themen aber fällt selbst ihm nichts Witziges mehr ein: „Da kann man´s nur schaffen, daß einem die Spucke wegbleibt.“ Plaßmanns Pointen – das sind meistens unverhoffte Durchbrüche handfester Realität durch den Schleier alltäglicher Beschönigung. Nicht zufällig läßt er gerne Kinder – mal ganz naiv, mal ziemlich gerissen – aussprechen, was eigentlich jeder wissen könnte, was „man“ als wohlerzogener Mensch aber nicht ausspricht. Phrasen – vom „jungen Glück“ bis zum „Jobwunder“ – nimmt er beim Wort, um sie in all ihrer Verlogenheit bloßzustellen. Besserwisserisch ist das nie, und dabei hilft ihm die Welt der Klotzkes, Kleinschmidts und Plaumanns. Die kleinen Sketche aus deren Alltag, die sich in einer einzigen Zeichnung abspielen, reizen zum befreienden Lachen. Umso wirklichkeitsnäher werden sie durch die liebevollen Details, die Plaßmann einfügt: vom Hampelmann, der das Kinderzimmer schmückt, bis zum Röhrenden Hirsch, der als Schinken in Öl über Helmut Kohls Bett drapiert ist. Manchmal lacht Plaßmann dann selbst an seinem Schreibtisch, wenn ihm eine Pointe besonders gelungen ist. Und selbst wenn er eine alte Zeichnung hervorkramt, bei der er doch „irgendwie weiß, wie es ausgeht“, muß er zuweilen schmunzeln. Umso mehr bekümmert ihn, „daß das feedback oft fehlt“. Die Leute amüsieren sich – und der Künstler erfährt es nicht. Gerne stellt er sich deshalb in eine Ausstellung der eigenen Werke und freut sich, wenn sie den Betrachter erfreuen. Für heute ist der Arbeitstag zuende. Plaßmann ist zufrieden. Er steigt hinab ins Erdgeschoß, wo die Kinder gerade herumtoben. Wir verabschieden uns und gehen hinaus in die Stadt. Und aus irgendeinem Grund erinnern uns plötzlich verteufelt viele Menschen an Klotzkes, Kleinschmidts und Plaumanns.

Foto: Ulrich von Born, Essen

# Der Lauf des Lebens

Thomas Plaßmann ist ein „Kind des Ruhrgebiets“. Geboren 1960 in Essen, die Mutter Schneiderin, der Vater Schriftsetzer, wuchs er in einem katholischen Milieu auf. 1966 eingeschult, erfreute er die Klassenkameraden schon bald mit seinen „Witzmännchen“ – und probierte zahlreiche kleine Jobs aus. Trotzdem legte er 1979 sein Abitur ab. Es folgten der Zivildienst im Umweltschutzbereich und ab 1981 ein Studium der Geschichte und Germanistik in Bochum, das er aber abbrach. 1983 heiratete er Susanne, eine Bewegungstherapeutin, mit der er inzwischen zwei Söhne und eine Tochter hat. Im gleichen Jahr begann Plaßmann eine Schreiner-Lehre. Als Geselle arbeitete er anschließend weiter an der Werkbank – und schickte in dieser Zeit erstmals Zeichnungen an Zeitungen und Agenturen. Seitdem wurden seine Arbeiten in zahlreichen Publikationen gedruckt, so in der „Süddeutschen Zeitung“, der „taz“ oder der „Neuen Rhein-/ Neuen Ruhr-Zeitung“. Plaßmann zeichnet aber auch Plakate, illustriert Bücher und Fachzeitschriften. Seit 1987 arbeitet er hauptberuflich als freischaffender Karikaturist. 1993 erschien sein erstes eigenes Buch in einem überregionalen Verlag: „Günter. Abstand halten“ (Semmel Verlach). Plaßmann gewann bereits etliche Preise und Auszeichnungen, so beim 2. Internationalen Karikaturensommer in Berlin, beim Deutschen Preis für die politische Karikatur (1996, 1997 und 1998) oder beim Nachwuchs-Karikaturisten-Wettbewerb der „Frankfurter Rundschau“. 1999 gewann Plaßmann die „Spitze Feder“ des Bundesverbandes Deutscher Zeitungsverleger für die besten politischen Karikaturen. Seit 1996 erfreut Thomas Plaßmann die Leser der FR regelmäßig mit seinen Zeichnungen.

# Die Generationen

## Bevor Sie weiterblättern . . .
## Anmerkungen eines Betroffenen

Gestatten, Klotzke. Theo Klotzke. Gleich geht`s los mit den Karikaturen, und dann werden Sie mir begegnen. Und natürlich Kleinschmidt und den anderen auch.
Ich will Ihnen kurz erklären, was Sie mit uns erleben: Der Zeichner sagt, er wolle politische, gesellschaftliche und wirtschaftliche Entwicklungen auf die Bühne des Menschlichen herunterziehen. Damit meint er uns – einige für alle, sozusagen. Daran mag es liegen, wenn Ihnen einiges bekannt vorkommt. Dabei hat er einfach nur unseren Alltag zu Papier gebracht. Erlebnisse von Leuten wie du und ich.
Nur zu, liebe Leser! Sie können uns ein Buch lang begleiten. Oder eigentlich: ein Leben lang. Sie sehen unsere Kleinsten, diese vorlauten Gören. Dann schauen Sie sich mal diese Jugend von heute an. Sie werden auf mich stoßen – ja, genau, der Mann in den besten Jahren – und auf die Alten, die so oft verschämt „Senioren“ genannt werden.
Blättern Sie, schauen Sie: Bilder aus dem prallen Leben. Generation um Generation. Vielleicht wirken wir manchmal ein bißchen unbeholfen oder ratlos, aber schon im nächsten Bild kommen wir wieder keck und raffiniert daher. Es geht eben zu wie in der richtigen Welt.
Eines jedenfalls sieht man auf den Bildern ganz deutlich: Jeder kann sein Leben frei bestimmen – mal abgesehen von den Zwängen.

# KINDHEIT

MATERIELLER WOHLSTAND, EINE SCHÖNE RENTE... MESSEN WIR DEM NICHT VIEL ZU VIEL BEDEUTUNG BEI ?!!
SAG BLOSS, DU BIST SCHWANGER !!!!
T. PLAßMANN

KINDER
WOHLSTAND
T. PLAßM

JUGENDKRIMINALITÄT WÄCHST – SCHLIMM!!

ALLES DRAN!
NUR MIT JOB UND
RENTE KÖNNT'S SPÄTER
SCHWIERIG WERDEN!
EIN MÄDCHEN!!
T. PLAßMANN

GIB DIR KEINE MÜHE! WIR STERBEN JA DOCH ALLE!

KINDER BRAUCHEN ZUSPRUCH

KEINE PASSENDE WOHNUNG!
STÄNDIG KNAPP BEI KASSE!
BENACHTEILIGUNGEN ÜBERALL!
... DU MEINST, SIE LIEBEN
UNS TROTZDEM?
T. PLAßMANN

KÖLN
HAMBURG
OMA

JUNGE!! WILLST DU DICH DENN NICHT WENIGSTENS EINMAL, WIE ANDERE KINDER, EIN PAAR STUNDEN VOR DIE GLOTZE SETZEN!!!
T. Plaßmann

IRGENDWANN KOMMT IM LEBEN EINES JEDEN MANNES DER MOMENT..

INDEM ER DIE ZARTEN BANDE DER VERGANGEN-HEIT ABSTREIFEN MUSS..

UM SICH DEM WAGNIS DER FREIHEIT ZU STELLEN!
T. PLAßMANN

REGLEMENTIERUNGEN BIS IN KLEINSTE BEREICHE!

- VIEL ZU LANGE GENEHMIGUNGSVERFAHREN!
- ZU GERINGE ERTRÄGE!

ICH MACHE MIR SORGEN UM DEN STANDORT ELTERNHAUS!
T. PLAßMANN

DAS GANZE TASCHENGELD!!?
DENKST DU ÜBERHAUPT NICHT
AN DEINE ALTERSVORSORGE?!
T. PLAẞMANN

IN DEN SCHULFERIEN !!!...
BEZAHLBAR !!!...
MIT DREI KINDERN !!..
REISEBÜ

AUCH KOMPLEXE WIRTSCHAFTSABLÄUFE VERANSCHAULICHEN...
... DA MACHTE LEHRER PLAUMANN SO SCHNELL KEINER WAS VOR!

NA! UND IHR WOLLT MAL SCHAUEN, WIE'S SPÄTER IM BERUFSLEBEN SO ZUGEHT?!
KLASSE 4b
T. PLAßMANN

NOCH EIN KIND, SAGEN SIE!
KÖNNEN SIE'S BESCHREIBEN?
PERSPEKTIVLOS, VON DEN ELTERN VERNACHLÄSSIGT, IN EINER ELLBOGENGESELLSCHAFT AUFGEWACHSEN..
POLIZEI

UND ? KENNT IHR DENN SCHON WÖRTER DIE MIT "A" ANFANGEN?
A
ARBEITSLOSIGKEIT!
ANGST!
ARBEITSAMT!
AUSBILDUNGSMISERE!
T. Plaßmann

UND WENN WIR TOT SIND, KOMMEN WIR VIELLEICHT ALLE INS BÜRO !!

INS BÜRO ?!?!
KLAR! PAPA SAGT IMMER, DAS IST DIE HÖLLE!

ÄH... WIE WÄR'S MAL WIEDER MIT EINER TASCHEN-GELDERHÖHUNG..

NATÜRLICH NUR, WENN ICH DAMIT NICHT DEN STAND-ORT DEUTSCHLAND GEFÄHRDE!!

KOMMT DENN NICHTS IM FERNSEHEN ?!
SPIELE SAMMLUNG
T. PLAßMANN

OH, SINNENTAUMEL! WELT, SCHMERZVOLLE - SO FAHR DAHIN !!
ENGLISCH ODER MATHE ?!?
T. PABST

SOVIEL HAUSAUFGABEN?!
DAS SCHAFFT MAMA
NIE IM LEBEN!
T. Plaßmann

UND WAS MACHT DEIN VATER BERUFLICH?
UNTERNEHMENS-SANIERUNG!
SIE HABEN GERADE SEINEN ARBEITSPLATZ EINGESPART!
T. PLAßMANN

OB ICH MAL RÜBER ZU DIR ZUM SPIELEN KOMME ? - MOMENT ! OH, DAS SIEHT IN DIESEM QUARTAL ABER GANZ SCHLECHT AUS !
T. PLAßMANN

NEIN, DU! ICH KANN HEUTE NICHT MIT INS SCHWIMMBAD. DU WEISST DOCH, ICH JOBBE EIN BISSCHEN IN DEN FERIEN!
TRAßMANN

# JUGEND

JUGEND AM START

BUNDESJUGENDWETTBEWERB "MEIN WEG IN DIE ZUKUNFT"
JENS P., LANDESSIEGER MECKLENBURG-VORPOMMERN

MEIN SOHN, DENKE DARAN: ES GIBT DINGE IM LEBEN, DIE MAN MIT GELD NICHT KAUFEN KANN!

ABER NICHT VIELE!!

WIR KÖNNEN IHNEN LEIDER KEINE LEHRSTELLE ANBIETEN!

SIE KÖNNTEN ES ABER SO IN NEUN JAHREN ALS GUT AUSGEBILDETER FACHARBEITER NOCH MAL PROBIEREN!
T-PLAßMANN

SO LEUTE, ICH WOLLTE EUCH HEUTE EIN WENIG ÜBER DEN EINSTIEG INS BERUFSLEBEN ERZÄHLEN...
a² + 2ab +

IHR MÜSST JETZT SEHR TAPFER SEIN...!
a² + 2ab +
T. PLAßMANN

TJA, MEIN LIEBER! ICH GLAUBE, DIES IST DER BEGINN EINER DAUERHAFTEN BEZIEHUNG ...
ABSCHLUSS-ZEUGNIS
T. PLAßMANN

KLASSE 10b - PRAKTISCHE BERUFSVORBEREITUNG

FRISÖRMEISTER HANS-P. KLEINSCHMIDT: „ICH WAR IM ERSTEN LEHRJAHR AUCH NOCH NICHT PERFEKT!“

LASST MICH AUCH MAL ANS BUCH! MEINE REGELSTUDIENZEIT LÄUFT AB !!

DIE ÖKONOMISIERUNG DER GESELLSCHAFT SCHREITET VORAN!

WEHE BÜRSCHCHEN, ERWISCHE ICH DICH DABEI, WENN DU DROGEN NIMMST!! HASSUGEÖRT!!
T. Plaßmann

JUNGES GLÜCK

WER WOLLTE FÜR DIESE BEZIEHUNG NOCH SEINE HAND INS FEUER LEGEN...?

SINGLE-TREFF FÜR HARD-LINER

KLAR HABE ICH ZEIT FÜR DEINE PROBLEME, KLEINES! GLEICH KOMMT DER WERBEBLOCK!
T. Plaßmann

ICH GLAUBE, WIR HABEN UNS EINFACH ZU WEIT AUSEINANDER ENTWICKELT...
DU UND ICH, PAPA!
Trapmann

DU LIEBST MICH DOCH NUR, WEIL ICH GUT AUSSEHE, CHARMANT, ZÄRTLICH, AUFMERKSAM, EROTISCH, SPORTLICH, INTELLIGENT UND ERFOLGREICH BIN UND VIEL GELD HABE!
T. PLAßMANN

ICH WILL KARRIERE MACHEN!
GESCHLECHTSUMWANDLUNG!? WÜRD' ICH MIR ÜBERLEGEN.
T. PLAßMANN

WAS VERSTEHST DU SCHON VOM LEBEN!
TRIAZ

# BLÜTE DER JAHRE

KOSTENFAKTOR KLOTZKE, SIE SOLLEN MAL ZUM CHEF KOMMEN!
T. Plaßmann

DA! ZEHN MARK DREISSIG..
WER MACHT'S FÜR NEUN-
ACHTZIG DIE STUNDE...?
TOR 2
T. PLAßMANN

DER POLE MACHT'S FÜR EIN DRITTEL!!!
T. PLAßMANN

SCHON 8 TAGE
KRANK GEFEIERT

GEBURTSTAGSSTÄNDCHEN

ICH WAR
EIN
TARIF-
VERTRAG
WERK
2
T. Plaßmann

WER WEISS VIELLEICHT SEHEN WIR UNS JA MAL LEIHWEISE WIEDER!
PERSONAL ABT.
KÜNDIGUNG

PAPA? .. PAPA IST GERADE MAL DA, WO WIR ALLE MAL HINMÜSSEN!
BEIM ARBEITSAMT ?!
T. PLAßMANN

PAPA! WIESO HIELT MAN FRÜHER DIE ÄLTEREN FÜR WEISE??

ICH MUSS DIR IMMER ALLES ERKLÄREN!
T. PLAßMANN

ICH GEH' ALS STANDORTNACHTEIL!

DIENSTLEISTUNG ALS CHANCE

ICH BRAUCHE IHNEN NICHT ZU SAGEN, DASS SIE MIT IHREM ANTRAG - ANGESICHTS DER ZUNEHMENDEN GLOBALISIERUNG - DEN STANDORT DEUTSCHLAND IN GEFAHR BRINGEN!
SOZIALAMT E-G
T. PLAßMANN

ACH WAS, HOFFNUNGSLOS !!! WERDEN BEIM LOTTO NICHT AUCH REGELMÄSSIG SECHS RICHTIGE GETIPPT ??!!
VERMITTLUNG LANGZEIT-ARBEITSLOSE
T. PLAßMANN

IHRE STADT INFORMIERT:
WAS UNS DIE SOZIAL-HILFE KOSTET!
A - F
SOZIALAMT
AUSGANG
T. PLAßMANN

ISE GANZ NATURLIK...
JUNGS HABE NIX JOB..
HÄNGE NUR RUM..
LANGEWEIL.. BIER..
UND ICHE HALTE
KANACKE...
NICHT WAHR !!?
SIE VERSTEHEN..!
T. PLASSMANN

DA! JETZT NEHMEN DIE UNS SOGAR SCHON DIE ARBEITSLOSEN-PLÄTZE WEG!!
ARBEITSAMT
JAU! AUSLÄNDER IMMER DREISTER
T. PLAßMANN

NICHT, DASS NICHTS GESCHÄHE...

DIE SERVICE-OFFENSIVE! DAS JOBWUNDER IST MÖGLICH

HILDE K., VORSITZENDE DES AKTIONSBÜNDNISSES:
"ZURÜCK AN DEN HERD – FRAUEN GEGEN MASSENARBEITSLOSIGKEIT"

WELT
DER
ARBEIT

MOMENTE DER MACHT: ..UND WENN ER SIE JETZT EINFACH NICHT HERVORHOLTE!! MONATE WÜRDEN SIE BRAUCHEN, DIE AKTE B28/2-4LB/3 ZU FINDEN!

NACH JENEM FASCHINGSBALL WÜRDE ES NIE MEHR SO SEIN WIE FRÜHER

HANS-GÜNTER PLAUMANN, BEAMTER IM ARCHIV DES LIEGENSCHAFTSAMTES. EINMAL IM JAHR DIE SAU RAUSLASSEN.

IM VORDERGRUND RECHTS MANFRED KLEINSCHMITD
PARADIESVOGEL DER RECHNUNGSPRÜFUNG

FA
KLOTKE

MARTIN KLOTZKE, BIELEFELD, FUSSGÄNGERZONE,
EINMAL IM MITTELPUNKT STEHEN...

ARMUT BESEITIGEN

BANK
KASSE
KONTOFÜHRUNG
FINANZIERUNG
STEUERHINTERZIEHUNG

ALSO! SUCHEN SIE SICH AUS
WORAUF SIE SCHWÖREN MÖCHTEN
UND SPRECHEN SIE MIR NACH..
OTTO KATALOG
DIE VOLL WERT KÜCHE
TAO + TANTRA

DAS IST EIN
ÜBERF.... ???!
BANK
SERVICE
TELE-B
BERATUNG
DAUTOMAT
AUSZÜGE

IM NAMEN DES VOLKES ERGEHT - NACH EINGABE SÄMTLICHER DATEN - FOLGENDES URTEIL: NA DA SIND WIR ABER MAL ALLE GESPANNT...
PROGRAMM "JUSTITIA 2000" LÄUFT
T. PLAßMANN

ICH BIN LEBENSBEJAHEND, ZUFRIEDEN, OPTIMISTISCH UND AUSGEGLICHEN! BITTE HELFEN SIE MIR!!
ANMELDUNG
PSYCHIATR. LANDES KRANKENHAUS
T. PLAßMANN

PHILOSOPHEN IM KNAST

LEISTUNGSGESELLSCHAFT – PRÄGT!

ARMUT BESEITIGEN

CHEZ CLAUDE
GELD MACHT NICHT GLÜCKLICH! GELD MACHT NICHT GLÜCKLICH! ...
T. PLAßMANN

BIN
WERTLOS

# ALTER

ALTENHEIM

WISSEN SIE, WAS ICH MONAT FÜR MONAT ALLEIN AN RENTENBEITRAG ZAHLE ?!
WENN'S SIE TRÖSTET... DER ARZT GIBT MIR NOCH HÖCHSTENS ZWEI JAHRE!
Café

RENTEN BESCHEIDE
SIE KÖNNEN DANN GLEICH DURCHGEHEN!
SOZIAL AMT
T. PLAßMANN

ACH! GIBT'S NICHT! HAT SIE SICH AUF IHRE ALTEN TAGE GLATT NOCH SELBST-STÄNDIG GEMACHT!
MATHILDE PLAUMANN
LEBENSERFAHRUNGEN
WEISHEITEN
MO-FR 10-12 UHR
15-17 UHR

WERTLOSE ALTE ?!?!!
... FREUNDCHEN..
WIR KONSUMIEREN NOCH!!!
KASSE
NUR 19,-
T-RABE

UND WENN SIE DAS SCHÖN REGELMÄSSIG EINNEHMEN, DANN WERDEN SIE NOCH HUNDERT JAHRE ALT!
KÖNNEN SIE DAS VOLKSWIRTSCHAFTLICH VERANTWORTEN ?!!
T. PLAßMANN

ÜBERHAUPT!... MUSS MAN DENN UNBEDINGT SIEBZIG JAHRE ALT WERDEN...?
RENTEN-KOMMISSION
T. PLAßMANN

VIELLEICHT KANN ICH MICH IN UNSERER GESELLSCHAFT NOCH IRGENDWIE NÜTZLICH MACHEN!?
ACH OMA, DENK DOCH NICHT IMMER ANS STERBEN!
T. PLAßMANN

KLAR, KANN ICH IHNEN ÜBER DIE STRASSE HELFEN. WIEVIEL HABEN SIE DENN DABEI?!

TJA, ..WIR LEBEN IN EINER GESELLSCHAFT!... SCHLIMM IST DAS!..
T. RABSMOR

FEIN!! - STAATSSEKRETÄR F. ERÖFFNET DAS ERSTE
EXPORT-SENIOREN-ALTENHEIM IN DER UKRAINE

KEIN PROBLEM! ICH MACHE FRAU KLOTZKE GLEICH MIT SAUBER!
T. PLAßMANN

BESTEHT NOCH HOFFNUNG ??
WIR RECHNEN'S MAL DURCH !
T. Plaßmann

ABER DARÜBER HINAUS, DASS SIE KEINE EINZIGE FOLGE DER "LINDENSTRASSE" VERSÄUMT HABEN, GAB ES IN IHREM LEBEN DOCH GEWISS NOCH ANDERES WORAUF SIE MIT FREUDE UND STOLZ ZURÜCK-BLICKEN KÖNNEN!
T. PLAßMANN

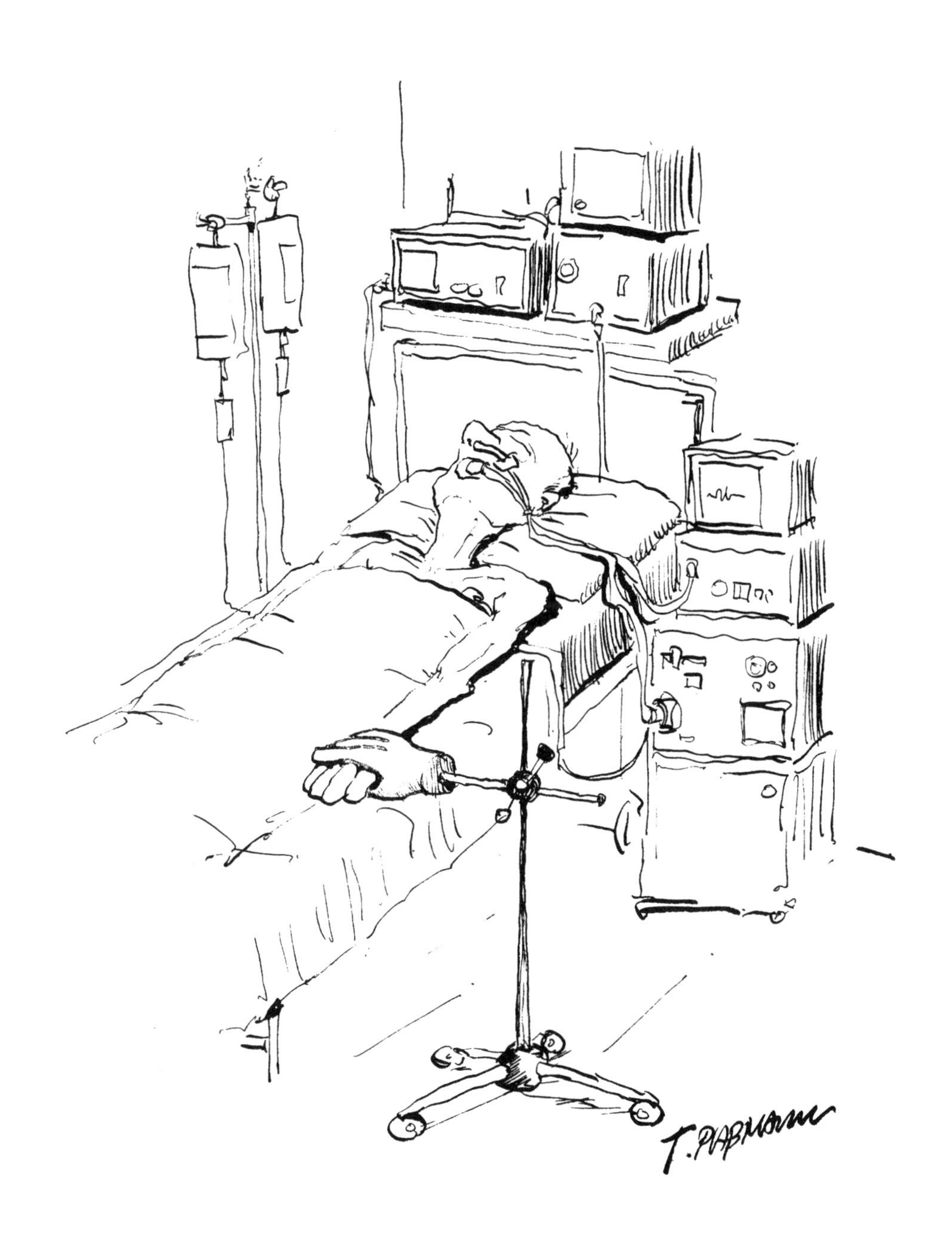